# Dem Himmel ein Ort

Ruth Lazar OSB

# DEM HIMMEL EIN ORT

## Benediktinerinnen und ihr Kloster in der Mark Brandenburg

Mit Fotografien von Angelika Fischer

BeBra Verlag

# INHALT


Zum Geleit 8

Mitten in Berlin 10

Das Mönchtum 26

Attraktiv bis heute 31

Die Leitlinien Benedikts 32

Im Geist der Benediktusregel 37

Das Gemeinschaftsleben 41

Klösterliche Arbeit 44

Die Schwestern auf Reisen 49

Das Kloster und seine Gäste 51

In Beziehung sein 57

Das Kloster als Ortskirche 60

Benediktiner und Benediktinerinnen 63

Die Europäische Benediktinerinnenkongregation von der Auferstehung 66

Wer warum ins Kloster geht 70

Die Aufgabe der Klöster in unserer Zeit 75

# ZUM GELEIT

Im Frühjahr des Jahres 1935 hing die Existenz des gerade ein knappes Jahr alten Benediktinerinnenklosters in Alexanderdorf am seidenen Faden. Der Berliner Bischof Nikolaus Bares hatte im Februar das Domkapitel zusammengerufen, um über die Zukunft des Klosters St. Gertrud zu beraten. Das Ergebnis der Beratung lautete: Auflösung wegen unüberwindlicher Armut. Es kam jedoch anders. In der Nacht vor der Ratifizierung des Beschlusses starb der Bischof völlig unerwartet. Das Kloster wurde nicht aufgelöst ...

Wie ist es dazu gekommen, dass Benediktinerinnen in der kargen Diaspora des Berliner Hinterlandes ein monastisches Leben führen wollten? Was macht dieses Leben aus? Und wie hat es sich bis heute entwickelt? Davon möchte dieses Buch in Bild und Text erzählen.

DEM HIMMEL EIN ORT – der Titel weist auf die Lage des Klosters in der flachen Landschaft der Mark Brandenburg, über der sich ein Himmel ausspannt, der Blick und Herz ins Weite öffnet. Als Benediktinerinnen möchten wir auch im geistlichen Sinn den Himmel offenhalten – an einem Ort, der durch Stille und Gebet den inneren Horizont weitet für das, „was droben ist".

Die Fotografien von Frau Angelika Fischer geben einen ausdrucksstarken Einblick ins Klosterleben von St. Gertrud. Ihr und Schwester Ruth Lazar OSB, die

den Text schrieb, sei herzlich gedankt; ebenso dem Verleger des BeBra Verlages, Herrn Dr. Dirk Palm, für die engagierte Begleitung des Projekts und die Drucklegung.
Wir hoffen, dass Sie, liebe Leserinnen und Leser, das Buch gern zur Hand nehmen und mit Gewinn hineinschauen.

ÄBTISSIN BERNADETTE PRUSS OSB

# MITTEN IN BERLIN

Am 1. Oktober 1919 bezog eine kleine Gruppe junger Frauen eine gemeinsame Wohnung in der Oranienburger Straße im Bezirk Berlin-Mitte. Dieses Datum bezeichnet das erste Ereignis in der Geschichte der heutigen Abtei St. Gertrud in Alexanderdorf. Im Jubiläumsjahr 2019, 100 Jahre später, beschäftigte sich die Schwesterngemeinschaft mit dem gesellschaftlichen Umfeld, in dem diese Gründung ihren Anfang nahm. Nicht nur das fieberhafte Jagen nach einem neuen Lebensgefühl trieb die Menschen nach den katastrophalen Erfahrungen des Ersten Weltkriegs um. Es gab auch die ernsten, bedachtsamen Stimmen. Es gab jene Menschen, die in der grundlegenden Änderung der gesellschaftlichen Verhältnisse nach tragenden Werten suchten, mit denen die Zukunft zu gestalten war. In diese Verhältnisse hinein wurde der Grundstein für die Abtei St. Gertrud in Alexanderdorf gelegt.

## ZÜNDENDE IDEEN IN BELGIEN

Die kleine Wohngemeinschaft in der Nachbarschaft des renommierten St. Hedwig-Krankenhauses war auf Anregung des Katholischen Frauenbunds Berlin eröffnet worden. Maßgeblich an der Einrichtung beteiligt waren Frau-

Pater Eugène Vandeur

en, die im Ersten Weltkrieg als Lazarett-Hilfsschwestern in Belgien gearbeitet hatten. Dort waren sie von Pater Eugène Vandeur, einem Mönch der Abtei Maredsous, geistlich betreut worden. Er war stark beeinflusst von der Liturgischen Bewegung. In einigen benediktinischen Klöstern wurden neue Wege in Liturgie, Kunst, Theologie erprobt.

Schwester Huberta (Johanna Gojowy), Schwester Beatrix (Johanna Vogt), Schwester Benedikta (Hedwig Funke)

Pater Eugène hatte auch Ideen für eine neue Gestalt von Frauenklöstern entwickelt. Die geistlich und theologisch gebildeten Nonnen sollten heraustreten aus der Abgeschiedenheit strenger Klausur und sich den Anliegen und Nöten der Menschen widmen können.

Diese Vision prägte, noch im Verborgenen, von Anfang an die Gemeinschaft der Rot-Kreuz-Schwestern in Berlin, die sich bald „Hildegardschwestern“ nannten. Sie hatten eine große benediktinische Heilige zu ihrer Patronin gewählt, die in ihrer Zeit, im 11. Jahrhundert, Erstaunliches auf dem Gebiet der Heilkunde, aber auch als geistliche Autorität geleistet hatte.

## ENTSCHEIDUNG ZUM ORDENSLEBEN

Die rasch anwachsende Gemeinschaft wurde von zwei starken, vom benediktinischen Ideal geprägten Frauen geleitet, die das religiöse Leben der jungen Krankenschwestern ausdrücklich förderten. Oberin Hildegard Hendl und ihre Stellvertreterin Justina Altenhövel sind die Gründungsgestalten, von denen alle wichtigen Anstöße in der Entwicklung hin zum klösterlichen Leben ausgingen. Im Jahr 1924 bestätigte der für Berlin zuständige Erzbischof von Breslau, Kardinal A. Bertram, die St. Hildegard-Schwesternschaft als „Geistliche Gemeinschaft“. Nun gab man den veränderten Verhältnissen auch in der gemeinsamen Kleidung Ausdruck. Hatte man bisher die herkömmliche Rot-Kreuz- Schwesterntracht getragen, so ging man jetzt zum Kleid der englischen Krankenpflegerin Florence Nightingale über.
Mehrere Anläufe waren nötig, bis mit der Eröffnung des St. Hildegard-Krankenhauses in Charlottenburg und der Geburtsklinik Maria Heimsuchung in Pankow eine gewisse Stabilität erreicht und die Selbstständigkeit gegenüber Frauenbund und Caritasverband gewonnen war. Beide Vereine blieben noch für lange Jahre im Hintergrund für die Schwestern tätig.
Die Elemente des Zusammenlebens waren mehr und mehr klösterlich, benediktinisch geprägt. Regelmäßiges Gebet, gemeinsame Mahlzeiten, geistliche

Konferenzen durch die Oberinnen sowie Zeiten des Schweigens füllten zusätzlich zur Arbeit die Tage aus. Bald stand die Frage im Raum: Wollten sich die Schwestern durch ein persönliches Versprechen zum Leben nach einer Ordensregel verpflichten?
24 Schwestern, etwa die Hälfte des Konvents, entschieden sich zum Bleiben. Nun hieß es Abschied nehmen, was allen gleichermaßen schwer fiel. So lange war man miteinander unterwegs gewesen, hatte vieles gemeinsam aufgebaut und durchlitten. Schon wenige Tage nach der Trennung legten die verbliebenen Schwestern zum ersten Mal das Versprechen zum gott-

Das erste Kloster-Refektorium ist zum Festtag der heiligen Hildegard festlich geschmückt.

geweihten Leben ab. Dieser Schritt gab zusammen mit dem Besuch eines Mönchs aus der Abtei Gerleve bei Münster den Anstoß, von nun an den Weg hin zum benediktinischen Leben konsequent zu verfolgen. Nach mehreren Besuchen bei den Missionsbenediktinerinnen in Tutzing und anderen Frauen-, aber auch Männerklöstern war klar, dass es in diese Richtung gehen sollte: Ein volles monastisches Leben mit apostolischer Arbeit im Kloster. Die Idee von Pater Eugène Vandeur nahm Gestalt an. Abtprimas Fidelis von Stotzingen erteilte den Schwestern 1930 die Erlaubnis, sich „Benediktinerinnen" zu nennen.

Die Kapellenbänke im Mutterhaus in Pankow stehen zum ersten Mal in Chorrichtung.

Wie aber war die krankenpflegerische Arbeit mit dem monastischen Ideal zu vereinbaren? „Dem Gottesdienst soll nichts vorgezogen werden." Mehr und mehr wurde deutlich, dass dieser Grundsatz der Klosterregel des heiligen Benedikt mit den Erfordernissen des Krankenhauses nicht zusammenpasste. Noch einmal war zu überlegen, wie es weitergehen sollte. Eine gesicherte Exis-

Der Alexanderhof, 1934

tenz und die Berufung der Krankenschwester aufgeben – konnte und wollte man das verantworten? Mit der Erfahrung, durch die Jahre von Gott geführt, aber von verschiedenen Seiten gewarnt worden zu sein vor einer ungewissen Zukunft, wagten die Schwestern den Schritt heraus aus der Stadt in Richtung Süden, in die winzige Ortschaft Alexanderdorf.
Im September 1933 erwarben sie den Alexanderhof, alt und verwahrlost, aus dem Besitz des Grafen von Schwerin, der in einer benachbarten Ortschaft sei-

Die Schwestern haben in den Anfangsjahren Feldarbeit geleistet.

nen Wohnsitz hatte. Viel Arbeit war nötig, um die Gebäude bewohnbar zu machen. Am 15. April 1934, dem Sonntag vom „Guten Hirten", wurden in Anwesenheit vieler Gäste Kapelle und Kloster geweiht. Erster Hausgeistlicher war Pater Ludger Bureick, den der Abt von Gerleve großzügig für diese Aufgabe freigestellt hatte.

Das Ziel war erreicht. 400 Jahre nach der Reformation war das Klosterleben in die Mark Brandenburg zurückgekehrt. Die Schwestern stellten die Gründung unter das Patronat der heiligen Gertrud von Helfta. Die imposante Erscheinung und die Bedeutung des Beuroner Frauenklosters St. Hildegard in Eibingen hielt sie davon ab, das unscheinbare Kloster im märkischen Sand ebenfalls der heiligen Hildegard zu widmen. Gertrud dagegen ist quasi eine Heilige aus der Nachbarschaft. Sie begründete im 13. Jahrhundert zusammen mit zwei weiteren mystisch begabten Schwestern den Ruf Helftas, heute ein Ortsteil der Stadt Eisleben in Sachsen-Anhalt, als „Krone der deutschen Frauenklöster".

## DIE AUFBAUARBEIT

Mit dem Kauf des Anwesens hatten sich die Schwestern finanziell verausgabt. Ohne die sicheren Einkünfte aus der Krankenpflegearbeit kam es bald zu erheblichen Schwierigkeiten, das Kloster zu unterhalten. Schon im 17. und 18. Jahrhundert hatten die Inspektoren des Amtes Zossen auf die schlechte Bodenqualität des Ortes hingewiesen, „wo nur sauerfrießig Zeug wächst". Trotz aller Bemühungen blieben die Erträge karg. Aus der Chronik und den Lebensbeschreibungen der verstorbenen Gründerinnen geht hervor, dass die Arbeit in Haus und Garten äußerst kräftezehrend war und oft auch bis in die Abend-

und Nachtstunden ging. Am gemeinsamen Chorgebet wurde trotzdem festgehalten.

Bald aber war die wirtschaftliche Lage so katastrophal, dass der Bischof von Berlin, Nikolaus Bares, eingriff. Die Auflösung von Alexanderdorf „wegen unüberwindlicher Armut" war beschlossene Sache. Doch bevor es zur Ausführung kam, verstarb Bischof Bares 1935 völlig überraschend. Weil die Probleme weiterbestanden, versuchte man, die Schwestern zum freiwilligen Aufgeben zu bewegen. In der einberufenen Konventversammlung votierte jede von ihnen in geheimer Abstimmung für das Bleiben, und die Berliner Geistlichen konnten vor dieser Geschlossenheit nur kapitulieren.

## DIKTATUR UND KRIEG

Hatten sich die Schwestern wegen der vielen Arbeit bisher nur wenig für politische Fragen interessiert, wurden sie, wie alle, mit der Entfesselung des Zweiten Weltkriegs durch den Überfall auf Polen am 1. September 1939 in die nun einsetzende Entwicklung involviert. Sie leisteten den im Dorf verbliebenen Bewohnerinnen und Bewohnern tatkräftige Hilfe bei der Landarbeit, bei Krankheit und Verletzungen. Die bis dahin so fremden katholischen Nonnen waren nun Teil der Dorfgemeinschaft. Vom NS-Regime gab es mehrere Versuche, dem Kloster zu schaden. Die Gottesdienste wurden abgehört, die Hälfte des Konvents „kriegsdienstverpflichtet". Von der Idee, hier eine Schule für den Bund Deutscher Mädchen zu errichten, kam man schnell ab, als die äußeren Verhältnisse in Augenschein genommen wurden. Diesmal hatte die Armut das Kloster gerettet. Viele andere Klöster wurden beschlagnahmt. Für den Konvent war es ein Glücksfall, dass der inzwischen heimatlos gewordene Prior

Die Kapelle des Klosters war anfangs noch durch ein Gitter unterteilt, das die Gäste von den Schwestern trennte.

von Gerleve, Pater Bonaventura Rebstock, sich für den Aufenthalt in St. Gertrud entschied. So waren hier zwei Benediktiner in der Tradition von Beuron über mehrere Jahre gemeinsam segensreich tätig.

Kriegsgefangene, Soldaten, Offiziere und später auch Flüchtlinge, alle durch die Kriegsereignisse in irgendeiner Weise im Dorf oder in der Nähe Gestrandete fanden im Kloster menschliche Annahme, geistlichen Beistand und tätige Hilfe.

Endlich war im Frühjahr 1945 ein Ende des Kriegs abzusehen. Doch die Gefahr nahm zu. Im nahegelegenen Wünsdorf war die Kommandantur der Wehrmacht, im nahen Wald ein militärischer Stützpunkt. In einem ganzen Ring von Bunkern hatten sich letzte Kämpfer verschanzt. Als die Waffen endlich schwiegen, waren die Wälder voll von Toten und Verwundeten. Einige Soldaten hatten sich bis ins Kloster schleppen können, halb verhungert und verdurstet. Weil auch der Sanitätsdienst zusammengebrochen war, zogen die Schwes-

Schwester Maria Kemper und Schwester Maura Kotulla absolvieren 1939 eine der vorgeschriebenen Luftschutzübungen.

tern mit einem Handwagen in den Wald und holten Verwundete ins Kloster. Auch die Dorfbewohner halfen bald bei dieser Rettungsaktion. Zwei Schwestern leisteten Erste Hilfe und nahmen auch Notoperationen vor. Die Mittel dazu stammten aus einem unversehrten Wehrmachtslager in der Nähe, von wo man Medikamente und Verbandstoffe beschaffen konnte. Dieser Einsatz dauerte an, bis man im benachbarten Saalow ein großes Lazarett einrichtete.

## GEORDNETE VERHÄLTNISSE

Die Entbehrungen der Nachkriegszeit teilten die Schwestern mit allen. Neben dem äußeren begann auch der innere Aufbau von Neuem.

Am 24. August 1949 legte die erste Gruppe von Alexanderdorfer Schwestern die ewigen Gelübde ab.

1946 wurde eine Gruppe junger Schwestern in den Westen geschickt, um Vorkehrungen für die Übersiedlung des Konvents zu treffen, falls die neue Staatsgewalt in der sowjetischen Besatzungszone St. Gertrud schließen würde. Aus dieser Gründung ging die heutige Abtei St. Scholastika in Dinklage hervor. Bis zum Mauerbau 1961 gab es in materieller und personeller Hinsicht eine intensive Zusammenarbeit beider Klöster. In Dinklage blieb der Konvent über die ganzen Jahre bis zur politischen Wende in der DDR den Schwestern im Osten weiter verbunden und half, wo er konnte.
Mit großzügiger Unterstützung vieler Klöster und kirchlicher Hilfswerke in Westdeutschland wurden die Gebäude erstmals fachgerecht ausgebaut. Alexanderdorf wurde zu einem Anlaufpunkt für Gruppen, Familien und Einzelgäste, die hier einen Ort des Gebets, aber auch der Freiheit fanden, wo Kirche einigermaßen unbeobachtet lebendig war.
Obwohl die DDR kein kirchenfreundlicher Staat war, blieb das Kloster weitgehend unbehelligt. Ordensschwestern hatten einen guten Ruf wegen ihrer Arbeit in den katholischen Krankenhäusern und Heimen. Dass die Alexanderdorfer Nonnen nicht in dieser Form tätig waren, fiel den Behörden nicht auf. Sie erhielten sogar einige der Vergünstigungen, die für die sozialen Einrichtungen vorgesehen waren. Politisch war man im Konvent interessiert, hielt sich aber bedeckt, was Stellungnahmen zum Welt- und Tagesgeschehen anging.
Nach dem Zweiten Vatikanischen Konzil stand die Umsetzung der angemahnten Veränderungen hinsichtlich der Liturgie und des Ordenslebens an. Die Liturgie wurde nun hauptsächlich in deutscher Sprache gefeiert. Die Schwestern entschieden sich, bestimmte Teile weiter als gregorianischen Choral zu singen.

Im Jubiläumsjahr 1984 wurde das Priorat St. Gertrud zur Abtei erhoben. Zur ersten Äbtissin wählten die Schwestern Mutter Gisela Müller. In einem noch nie dagewesenen Fest wurde nach fünfjähriger Bauzeit im selben Jahr am 1. September die Klosterkirche geweiht. Sie ist der Mittelpunkt der Gemeinschaft. Die Gründungsphase des Klosters Alexanderdorf war nach 50 Jahren abgeschlossen.

Nach der Kirchweihe gingen die Schwestern daran, den gesamten Bereich des Klosters von Grund auf zu sanieren. Der Kapellenraum, wo sie vorher Gottesdienst gefeiert hatten, ist seitdem der Gästespeiseraum, und für den Konvent entstand ein neues Refektorium. Bei der Gestaltung hat man berücksichtigt, dass der Gottesdienst sich in den gemeinsamen Mahlzeiten fortsetzt. Auch die

Kirchweihe am 1. September 1984

Wahl und Weihe der ersten Äbtissin Gisela Müller am 3./4. März 1984

Wohnbereiche der Schwestern und Gäste wurden erneuert. Ein Dreierteam, Äbtissin, Bauschwester und Künstlerin, haben zusammen mit den Architekten und Bauleuten viel geplant und ausprobiert. Wie schon bei der Kirche, der ehemaligen Scheune des Anwesens, sollte im gesamten Kloster der ursprüngliche Charakter der Gebäude sichtbar bleiben. Die Bautätigkeit setzte sich über viele Jahre fort. Wie überall, gibt es immer etwas, das, je nach Bedarf, erneuert oder neu geschaffen werden muss.

## IN DER NEUEN GESELLSCHAFT

Doch schon nach fünf Jahren wurde wieder alles anders. Die politische Entwicklung am Ende der 1980er Jahre wurden von den Schwestern aufmerksam und mit Bangen verfolgt. Mit den katholischen Dorfbewohnern waren sie in der Kirche im Gebet um einen friedlichen Verlauf vereint. Am Abend des Mauerfalls, am 9. November 1989, gingen sie, wie gewohnt, schweigend und nichtsahnend zu Bett. Erst am Morgen konnte man ungläubig an der Tafel am Eingang zur Kirche lesen: „Die Mauer ist offen. Die Leute gehen hin und her." Ungeahnte neue Möglichkeiten standen auch für den Konvent offen. Reisen, Besuche, Bautätigkeit, Bildung und Weiterbildung, alles kam in Schwung.
Zugleich ging die Zahl der Frauen, die sich der Gemeinschaft anschließen wollten, stark zurück. Wir teilen das Los der Klöster in der westlichen Welt: Fortschreitende Alterung bei nur wenigen Eintritten. Dieser Herausforderung haben wir uns zu stellen. In vielen Gesprächen und daraus erwachsenden Veränderungen entwickeln wir Gebet und Arbeit weiter, damit Alexanderdorf für die Schwestern eine gute Stätte klösterlichen Lebens und für die Kirche ein geistliches Zentrum – DEM HIMMEL EIN ORT – bleiben kann.

# DAS MÖNCHTUM

Die starken Frauen, die das Kloster in Alexanderdorf gründeten, hatten viele Jahre des Suchens und Ausprobierens mit immer wieder neuen Anfängen und Abbrüchen hinter sich. Am Ende stand das Ideal des benediktinischen Mönchtums klar vor Augen, und sie schlossen sich dieser alten Tradition an. Das Mönchtum ist eine Lebensform, die schon in den ersten Jahrhunderten der christlichen Kirche zu finden ist. Bereits in neutestamentlicher Zeit gab es Frauen und Männer, die sich intensiv der Hinwendung zu Gott widmeten. Man nannte sie Asketen, das heißt „Übende". Mit Beten, Fasten, materieller Anspruchslosigkeit und Werken der Nächstenliebe suchten sie das, was sie von der Verkündigung Jesu verstanden hatten, in die Tat umzusetzen. Fest ansässig in ihren Familien und Gemeinden oder als Wanderprediger waren sie geachtet und wurden zunehmend als eigener Stand in der Kirche wahrgenommen. Um die Zeit, als im Römischen Reich die christliche Religion immer attraktiver wurde, die staatlichen Verfolgungen zurückgingen und das Christentum im vierten Jahrhundert sogar Staatsreligion wurde, veränderte sich die asketische Bewegung. Man zog sich aus dem gesellschaftlichen Leben zurück und ging an einsame Orte, vorzugsweise in die Wüste. Einsiedler waren hoch geachtet, und es entstanden erste Gruppen von asketischen Gemeinschaften.

In den Findling auf dem Klosterhof ist ein Bildnis des Hl. Benedikt eingraviert.

Zeugnisse mönchischen Lebens finden wir ab Ende des dritten Jahrhunderts in Ägypten, Palästina und Kleinasien.
Von dort aus breitete es sich schnell über das ganze Gebiet des Römischen Imperiums aus. Starke Gruppierungen von Mönchen und Nonnen gab es in den Gebieten des heutigen Italiens und Frankreichs. Ende des fünften Jahrhunderts reihte sich ein junger Mann namens Benedikt in diese Bewegung ein. Nach der Lebensbeschreibung Papst Gregors des Großen kam er aus dem kleinen Ort Nursia nordöstlich von Rom in die Hauptstadt, zog aber sehr bald weiter nach Osten und ließ sich in den Bergen von Subiaco nieder, wo zahlreiche Höhlen von Einsiedlern bewohnt waren. Starker Zulauf von Bewunderern Benedikts, dessen Ruf als Eremit sich rasch verbreitete, machte einen Umzug nötig, der ihn mit einer Gruppe von Schülern weiter nach Süden auf den Berg Monte Cassino führte. Dort errichteten sie ihr neues Kloster. Mit den Erfahrungen aus langen Jahren der Leitung seiner Gemeinschaft verfasste Benedikt eine Lebensregel, die in seinem Kloster und von dort aus überall, wo man sich auf Benedikt beruft, bis heute Geltung hat.
Die Benediktusregel ist ein geistliches Vermächtnis, das unter den gesellschaftlichen Bedingungen des 6. Jahrhunderts entstand. Mit großer Weitsicht hatte schon der Autor selbst Möglichkeiten erwogen, dass es unter bestimmten Umständen, bei Veränderung der äußeren Verhältnisse nötig sein könnte, die eine oder andere Regelung zu verändern. Durch die Jahrhunderte ist deshalb die konkrete Lebensordnung in den Klöstern immer wieder angepasst worden. Größere und kleinere Reformen bemühten sich, dem Geist Benedikts treu zu bleiben und doch sein ureigenes Anliegen zu verwirklichen. Man kann es mit dem Motto „Gott suchen“ beschreiben. Was der Abt von Monte Cassino seinen Brüdern im Kloster ans Herz legt, ist vollständig auf dieses Ziel ausge-

richtet. Er geht dabei manchmal einladend, lockend, manchmal eindringlich und gelegentlich streng vor. Bei allem liegen ihm das geistliche Fortkommen, aber auch die natürlichen Bedürfnisse der Mönche und ihre gute Versorgung am Herzen.

# ATTRAKTIV BIS HEUTE

Was ist Benedikts Geheimnis, durch das seine Klosterregel bis heute über die Klöster hinaus viele Menschen anspricht? Sie begleitet den Glaubensweg Einzelner und wird für die Organisation betrieblicher Abläufe herangezogen, für Personalführung genauso wie für geistliche Gemeinschaften, die nach einer funktionierenden Form des Zusammenlebens suchen.

Wir finden in dieser klösterlichen Lebensordnung bis ins kleinste geregelte Beschreibungen für den Alltag, die am Ende mit einprägsamen Merksätzen wieder geöffnet werden.

# DIE LEITLINIEN BENEDIKTS

Eine kurze und kräftige Aufforderung eröffnet die Regel: HÖRE! (RB Prol 1). Das soll die Grundhaltung der Mönche sein. Hören auf Gott, der sich bemerkbar macht im Leben der Menschen, in den Texten der Bibel, im Gottesdienst, im persönlichen Gebet, bei der Arbeit. Der hörende Mensch entdeckt Gott überall.

AN GOTTES BARMHERZIGKEIT NIEMALS VERZWEIFELN (RB 4,74). Es gibt kein menschliches Leben ohne Widerstände. Jeder und jede macht die Erfahrung, dass nicht alles so läuft, wie man es sich vorgestellt und gewünscht hat. Üben ist angesagt, um Fertigkeiten zu erwerben, beizubehalten und weiterzuentwickeln. Das gilt auch für das geistliche Leben. Das gilt auch im Kloster. Die Mönche können und sollen darauf vertrauen, dass ihr eigenes Bemühen von Gottes Hilfe begleitet ist.

DIE MÖNCHE SEIEN STETS BEREIT (RB 22,6). Die Haltung des Hörens hat die Gestalt einer wachen Achtsamkeit. Im Kloster geht es darum, die Gelegenheiten der Begegnung mit Gott wahrzunehmen. Die Bibel erzählt Geschichten darüber, wie Menschen sich als Angesprochene erlebten und ihr Leben daraufhin eine Wendung nahm, die für sie selbst, aber auch für andere neue Perspektiven eröffnete.

NIEMAND SOLL VERWIRRT UND TRAURIG WERDEN IM HAUSE GOTTES (RB 31,19). Dieser Satz ist dem Klosterverwalter ins Stammbuch geschrieben. Er soll alles so regeln und verteilen, dass die Brüder „im Frieden" sein können. Nichts soll sie auf ihrem geistlichen Weg aufhalten. Der Grundsatz eignet sich auch als Alltagsregel für das Zusammenleben in der Gemeinschaft, die Benedikt als „Haus Gottes" versteht. Gespräche, Blicke, Gesten, das Tun und Lassen kann gut sein für andere, sie bestärken. Im Gegenteil kann es verwirren und traurig machen.

NIEMALS DARF DAS LASTER DES MURRENS AUFKOMMEN! (RB 34,6). Jede Gemeinschaft wird von innen her geschwächt, wenn es unterschwelliges Klagen gibt, wenn Zustände oder das Agieren Einzelner nicht offen benannt, sondern hinter vorgehaltener Hand verhandelt werden. Deshalb geht Benedikt mit aller Konsequenz, auch mit Strafen, gegen das Murren vor.

DEM GOTTESDIENST SOLL NICHTS VORGEZOGEN WERDEN (RB 43,3). Zusammenkommen, um in Gemeinschaft Gott zu loben, zu danken, ihn zu bitten in vielfältigen Anliegen, die das Kloster erreichen, das ist die erste und wichtigste Aufgabe eines benediktinischen Klosters. Auf dem langen Weg von Berlin nach Alexanderdorf war dieser Grundsatz ein bedeutender Impuls. Der Vorrang der liturgischen Feier kann in den allgemein üblichen Lebensumständen nur schwer verwirklicht werden.

ALLE FREMDEN, DIE KOMMEN, SOLLEN AUFGENOMMEN WERDEN WIE CHRISTUS (RB 53,1). Die Gastfreundschaft ist ein hohes Gut in vielen Kulturen. Die ersten Christen hörten in der Überlieferung der Evangelien die Stimme Jesu: „Was ihr für einen meiner geringsten Brüder getan habt, das habt ihr mir getan" (Mt 25,40). Deshalb sieht auch Benedikt für das Kloster ein Gästehaus vor, wo die Ankommenden mit aller Zuvorkommenheit emp-

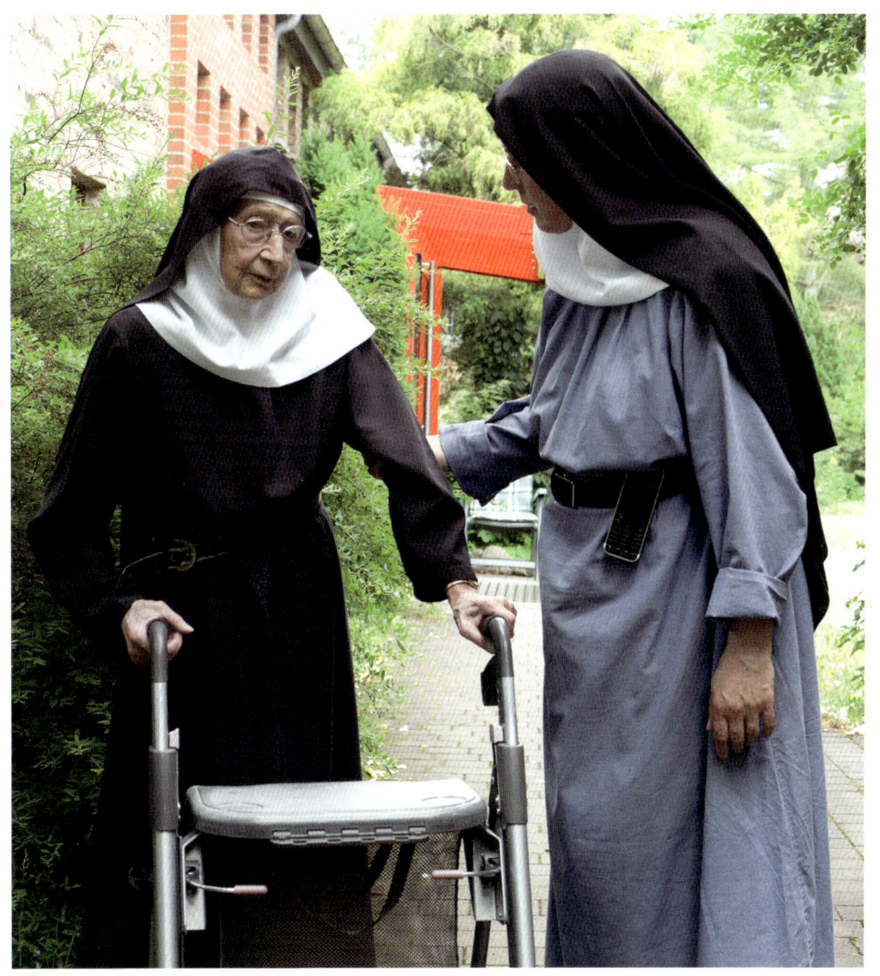

fangen werden sollen. Diese Praxis wird in den benediktinischen Klöstern bis heute geübt.

… DAMIT IN ALLEM GOTT VERHERRLICHT WERDE (RB 57,9). Ein Merksatz im Superlativ. Es gilt, aktuell und konkret mehr und mehr zu unterscheiden, mit welchem Tun und Lassen Gottes Spuren in der Welt sichtbar werden können, sodass Menschen ihm danken und das Gute, das von ihm kommt, verbreiten.

KEINER ACHTE AUF DAS EIGENE WOHL, SONDERN MEHR AUF DAS DES ANDEREN (RB 72,7). Benedikt zitiert hier den Apostel Paulus. Er stellt der Gemeinde in Philippi vor Augen, wie sie das Beispiel Christi im täglichen Zusammenleben umsetzen kann. Das Kloster ist eine eigene Glaubensgemeinschaft an einem konkreten Ort. Der Anstoß aus der frühesten Zeit der Kirche bleibt durch alle Zeiten hilfreich, wenn es darum geht, christliches Gemeinschaftsleben zu gestalten.

# IM GEIST DER BENEDIKTUSREGEL

Die konkrete Ausgestaltung des klösterlichen Lebens hängt von vielerlei Faktoren ab. Die Größe eines Konvents und die Altersstruktur spielen ebenso eine Rolle wie die Beschaffenheit der vorhandenen Gebäude, die geografische Lage und das soziale Umfeld.

Jede Gemeinschaft gibt sich die Ordnung, die den Gegebenheiten entspricht. Weil diese sich auf die eine oder andere Weise immer wieder verändern, werden die Abläufe von Zeit zu Zeit angepasst.

Benedikt macht zahlreiche Angaben im Hinblick auf Tageslauf und Gottesdienstordnung. Er richtet sich nach der Auskunft der Psalmen: „Siebenmal am Tag singe ich dein Lob" (Ps 119,164) und „Um Mitternacht stehe ich auf, um dich zu preisen" (Ps 119,62). Danach richtet sich der ganze Tagesablauf.

Diese Ordnung ist in den allermeisten Klöstern heute nicht mehr praktikabel. In Alexanderdorf beginnt der Tag um fünf Uhr. Nach einer persönlichen Gebetszeit versammeln sich die Schwestern zum Morgenlob (Laudes) in der Kirche. Darauf folgt die persönliche Bibellesung. Um 7.30 Uhr feiern wir die heilige Messe. Nach dem anschließenden Frühstück beginnt die Arbeitszeit. Um 12.15 Uhr wird sie unterbrochen mit dem Mittagsgebet, dem Mittagessen und einer Zeit des gemeinsamen Austauschs, der Rekreation. Hier geht es gelöst

und fröhlich zu, es ist eine Zeit der Erholung. Nach einer kurzen Mittagsruhe – schon Benedikt sieht sie entsprechend der südländischen Verhältnisse für die Brüder im Kloster vor – gehen alle noch einmal an die Arbeit, bis um 17.30 Uhr das Abendlob (Vesper) in der Kirche gefeiert wird. Abendbrot und eine persönliche geistliche Lesung schließen sich an. Der Tag endet mit der Komplet, in der alles, was vorgekommen ist, vor Gott „komplett" gemacht wird. Die gleich darauffolgende Gebetszeit mit längeren Lesungen gehört eigentlich schon zum neuen Tag. Die Vigilien entsprechen den altkirchlichen Nachtwachen, die in Benedikts Kloster am sehr frühen Morgen gefeiert wurden.

# DAS GEMEINSCHAFTSLEBEN

Am Beginn der Benediktusregel beschreibt der Verfasser „Die vier Arten der Mönche“. Er setzt sich kritisch mit den verschiedenen Weisen, das Mönchtum zu leben, auseinander, bevor er seine Absicht bekundet, „mit Gottes Hilfe, der stärksten Art, den Koinobiten, eine Ordnung zu geben“ (RB 1,13). Der Begriff bezeichnet Leute die „zusammen leben“. Dem Abt von Monte Cassino steht die Urgemeinde von Jerusalem vor Augen, wie sie in der Apostelgeschichte beschrieben ist: „Die Menge derer, die gläubig geworden waren, war ein Herz und eine Seele. Keiner nannte etwas von dem, was er hatte, sein Eigentum, sondern sie hatten alles gemeinsam“ (Apg 4,32).

Die Einheit der Gemeinschaft ereignet sich in den Klöstern Benedikts zuerst im gemeinsamen Gebet, dann auch in den Mahlzeiten. Sie haben ebenfalls einen gottesdienstlichen Charakter. Nichts soll von der Ausrichtung auf Gott ablenken. Deshalb gibt es kein Gespräch, sondern die Tischlesung. Dabei ist der Bereich der Literaturauswahl sehr weit. Die Ämter von Tischleser und Tischdiener werden wochenweise gewechselt. Auch in Alexanderdorf folgen wir diesem Brauch.

Neben der mittäglichen Zusammenkunft bei der Rekreation haben wir einmal in der Woche ein Kolloquium, bei dem Themen zur Gestaltung des ge-

meinsamen Lebens und des Gottesdienstes besprochen werden. Auch zu geistlichen Themen tauschen wir uns aus im Bibelkreis und in Gesprächen zur Benediktusregel. Einmal in der Woche hält die Äbtissin für alle eine geistliche Ansprache. Wer bei einer Veranstaltung verhindert ist, bekommt nachträglich die wichtigen Informationen. Es wird darauf geachtet, dass auch die alten Schwestern den Anschluss behalten.

# KLÖSTERLICHE ARBEIT

Benedikt weiß: „Müßiggang ist der Seele Feind“ (RB 48,1). Sinnvolle Beschäftigung ohne viel Ablenkung hält die geistliche Ausrichtung des Tages aufrecht. Die Mönche sollen den Lebensunterhalt mit ihrer eigenen Arbeit verdienen. In Benedikts Kloster bestand sie hauptsächlich aus Feldarbeit und Handwerk. Im Lauf der Zeit kamen vielfältige Formen von Klosterarbeit dazu, entsprechend den gegebenen Verhältnissen, den Notwendigkeiten für die Gemeinschaft und den in ihr vorhandenen Begabungen. Als die Benediktusregel sich in den Klöstern des Frankenreichs ausbreitete, trugen Neugründungen dazu bei, dass Land urbar gemacht, Schulen gegründet und Ortschaften errichtet wurden. Die Kulturleistung der Mönche und Nonnen hat Europa über Jahrhunderte hinweg geprägt und wirkt bis unsere Zeit hinein.

In Alexanderdorf widmen sich die Schwestern vielfältigen Aufgaben. Bald nach der Gründung wurde die Hostienbäckerei eingerichtet. Mit einfachen Gerätschaften war die Arbeit über lange Zeit schwer, bis in den 1990er Jahren moderne Maschinen angeschafft werden konnten. Unsere Kunden sind die Gemeinden in Ostdeutschland, einige im Westen, und ein paarmal im Jahr gehen Hostien auch ins osteuropäische Ausland. Gästehaus, Garten, Verwaltung, Küche, Wäscherei, Bibliothek und die Versorgung der alten und kranken

Heinrich Kissing

Schwestern kommen dazu und fordern Tag für Tag Aufmerksamkeit und Kräfte. Angestellte Mitarbeiterinnen und Mitarbeiter unterstützen uns bei der Erfüllung der vielen Aufgaben.

Zum Arbeitsalltag gehören Zeiten der Erholung. Die tägliche Rekreation ist eine Gemeinschaftsveranstaltung. An den Sonn- und Feiertagen hat jede Schwester freie Zeit. Drei Wochen Ferien im Jahr lassen ausspannen und neue Kräfte sammeln. Dabei ist jede frei, zu tun, was sie möchte. Lesen, wandern, Fahrrad fahren, schwimmen, schlafen, spielen, puzzeln, musizieren, malen, vieles, wozu man sonst nicht kommt, ist möglich.

# DIE SCHWESTERN AUF REISEN

Im Kloster ist das Gästehaus jährlich für drei Wochen geschlossen, weil die Schwestern Ferien machen. Gern wird die Gelegenheit genutzt, die freie Zeit außerhalb zu verbringen. Viele fahren dann in andere Klöster und erkunden dort die Gegend. Dabei können sie den Rahmen der Gebetszeiten in den anderen Gemeinschaften kennenlernen und sich darin einfügen. Persönliches Stundengebet ist aber auch möglich. Vor Beginn der Reise gibt es nach der Anregung Benedikts (RB 67,1) den Reisesegen. Er will nicht, dass die zurückkehrenden Brüder einander erzählen, was sie unterwegs erlebt haben. Wir halten es heutzutage für wichtig, miteinander zu teilen, was uns bewegt. Deshalb endet die Ferienzeit mit einer Abschlussrekreation, in der jede von ein paar besonderen Erlebnissen berichten kann.
Die Erfüllung unserer vielfältigen Aufgaben bringt Reisen für Aus- und Weiterbildung mit sich. Der Austausch mit „Kolleginnen" und „Kollegen" wird sehr geschätzt. Viele Schwestern haben im Lauf der Zeit verschiedene Ausbildungen gemacht und dabei Kompetenz erworben, um im Konvent und für die Gäste gut und hilfreich da sein zu können. Immer wieder werden wir gebeten, in Gemeinden oder bei Tagungen Beiträge zu leisten. Man erwartet von uns Leitung und Begleitung, gespeist aus unserem geistlichen Leben und unter

dem Horizont des Mönchtums. Eine unserer Schwestern hat einen Lehrauftrag an der Benediktinerhochschule Sant' Anselmo in Rom. Dort unterrichtet sie Studentinnen und Studenten aus vielen Ländern in monastischer Theologie. Außerdem gibt sie Kurse zur Benediktusregel, auch im weit entfernten Ausland. Erfahrungen und Erlebnisse der gereisten Schwestern bereichern alle, und es wird interessiert nachgefragt. Man kommt beschenkt ins Kloster zurück und ist im Allgemeinen bestärkt: Hier ist mein Platz.

# DAS KLOSTER UND SEINE GÄSTE

Sehr anspruchsvoll ist der Satz: „Alle Fremden, die kommen, sollen aufgenommen werden wie Christus“ (RB 53,1). Viele Schwestern sind daran beteiligt, diese benediktinische Gastfreundschaft zu verwirklichen. Kochen, putzen, waschen und Gartenarbeiten gehören ebenso dazu wie die persönliche Begleitung, wenn Gäste das Gespräch suchen.

Unterschiedliche Angebote für Gruppen bringen viele zusammen. Klassische Bibelarbeit und Besinnungstage sowie Geistliche Übungen (Exerzitien) stehen ebenso auf dem Plan wie Ikonen- oder Origamikurse. Mehrmals im Jahr finden Fastenwochen statt.

Unser Gästehaus ist zweckmäßig angelegt, wobei man auch auf ästhetische und künstlerische Gesichtspunkte bedacht war. Es ist in zwei Bereiche unterteilt. Im Haus St. Josef finden vor allem Einzelgäste Aufnahme, im Haus St. Hildegard sind die Zimmer mehrfach belegbar. Jedes Zimmer ist individuell gestaltet. Es gibt jeweils einen Meditationsraum, eine kleine Gästebibliothek und Aufenthaltsräume. In St. Josef kann man eine kleine Teeküche nutzen, in St. Hildegard wurden eine moderne Küche und ein kleines Speisezimmer für Selbstversorger eingerichtet. Das gut funktionierende WLAN-Netz kann im ganzen Klosterbereich genutzt werden.

Gern nutzen unsere Gäste die Wiese um den kleinen Teich herum, wo jede und jeder ein gutes Plätzchen für sich finden kann. Der Kleine Barfußpfad auf dem Gelände hinter der Klostermauer ist ein Gemeinschaftsprojekt von Heimatverein und Kloster. Er wird auch von Wandernden, die auf dem „Klosterrundweg" vorbeikommen, ausprobiert. Bei den Fastenkursen bietet er am Morgen eine gute Gelegenheit, den Kreislauf in Bewegung zu bringen.

In den Sommermonaten laden verschiedene nahe gelegene Strandbäder ein. Für Spaziergänge oder Fahrradtouren im weiten, flachen Land kann man sich Karten zur Orientierung bei der Gastschwester ausborgen. Wer mit dem Auto mobil ist, hat die Möglichkeit, in der Umgebung einige besondere Plätze zu besuchen. Mit dem 2022 eingerichteten Rufbus sind die Bahnstationen Trebbin und Zossen erreichbar, sodass Berlin und Potsdam in die Nähe gerückt sind.

Und natürlich: Gäste kommen vor allem ins Kloster, um in einen Raum der Begegnung mit Gott einzutreten. Alle Gottesdienste sind öffentlich. Alle Gäste, gleich welchen Bekenntnisses, sind zur Teilnahme eingeladen. Jeder und jede ist willkommen, niemand verpflichtet.

In Alexanderdorf war es schon immer möglich, unkompliziert mit Schwestern in Kontakt zu kommen. Eine besondere Gelegenheit dafür sind die „Sommermusiken im Kloster Alexanderdorf". Von Mai bis August findet monatlich ein hochkarätig besetztes Konzert in der Klosterkirche statt. Ganz verschiedene Arten von Musik werden dargeboten, manchmal mit kleinen Ensembles, manchmal mit einer Solovorstellung, die eine Stunde lang die Besucherinnen und Besucher in ihren Bann zieht. Das Angebot des „Klostercafés" auf der Gästewiese vor Beginn der Vorstellung wird gern angenommen. Dort kann man Klosterschwestern in einem lockeren, offenen Rahmen begegnen.

Benedikt schreibt, dass die Gäste „dem Kloster niemals fehlen" (RB 53,16). Sie verbinden die Mönche und Nonnen mit der Welt. Mit dem, was sie an Freuden und Lasten, an Interessantem mitbringen, geben sie Einblicke in die vielfältigen Möglichkeiten des Lebens. Und sie erinnern an die vielen schwierigen Themen, an Sorgen und Nöte, mit denen Menschen leben müssen. Die Frauen und Männer in den klösterlichen Gemeinschaften wissen sich berufen, das alles im Gebet vor Gott zu bringen. Wenn Schwestern dem einen oder anderen Gast versprechen „Ich bete für Sie", dann wird das dankbar angenommen im Wissen: Das Kloster ist der Ort, an dem an mich gedacht wird.

FIT-BAND

# IN BEZIEHUNG SEIN

„Kloster“ ist das Projekt eines Rückzugs aus den Zusammenhängen der „Welt“ mit ihren zahlreichen, oft verwirrenden, widersprüchlichen Möglichkeiten. Dennoch hatten schon die Eremiten in der Wüste und die ersten Mönchsiedlungen Kontakte zu Menschen außerhalb des Klosters. Im Mittelalter waren Klöster teilweise sehr einflussreich in Kirche und Gesellschaft.

Unser Konvent ist in verschiedenen Zusammenhängen mit zahlreichen Menschen und Gemeinschaften verbunden.

Eine besondere Gruppe bilden die Benediktineroblaten, die sich dem Kloster angeschlossen haben mit dem Versprechen, nach den Vorgaben der Benediktusregel das Leben als Christ zu gestalten. Zu unserer Oblatengemeinschaft gehören ca. 25 katholische und auch evangelische Frauen und Männer, die das Kloster als ihre geistliche Heimat schätzen. Sie kommen zu Oblatenwochenenden, bei denen sie die Regel Benedikts tiefer kennenlernen, als Gott Suchende gemeinsam Erfahrungen im Glauben machen können. Die Schwestern wissen, dass sie vom Gebet und der Verbundenheit der Oblaten getragen und begleitet sind. Sie engagieren sich auch bei ganz konkreten Arbeiten für ihr Kloster, z. B. bei Ora-et-Labora-Tagen, in denen neben dem Erleben intensiver Gemeinschaft erfolgreiche Ergebnisse das Tun beflügeln.

Unser Förderverein unterstützt uns seit Beginn der 1990er Jahre bei der Ausführung besonderer Projekte. Die Mitgliederversammlung im Frühjahr ist für die Schwestern eine Gelegenheit, Danke zu sagen. Viele Mitglieder nutzen den Tag zu Gesprächen mit Bekannten innerhalb und außerhalb des Konvents.
Mit den Nachbarinnen und Nachbarn im Dorf ist die klösterliche Gemeinschaft seit den Anfangstagen verbunden. Die Krankenpflege und Unfallversorgung im Kloster schaffte Vertrauen. Gemeinsam stand man die Kriegsjahre durch. Viele halfen beim Kirchbau, und seit der politischen Wende gibt es auch offizielle Kontakte zu den kommunalen Behörden und Einrichtungen. Einzelne Schwestern beteiligen sich an Aktivitäten des Heimatvereins, an Wandertagen oder dem Kinder- und Familienfest. Es freut uns, wenn wir dann hören: „Unser Kloster ist auch da."

# DAS KLOSTER ALS ORTSKIRCHE

Als einzigem Benediktinerinnenkloster in Ostdeutschland kommt der Abtei St. Gertrud besondere Bedeutung zu. Sie ist in der Region und für das Erzbistum Berlin ein geistliches Zentrum als Ort des Gebets und der Gastfreundschaft. Einige Schwestern arbeiten in Gremien des Bistums mit und werden zu besonderen Veranstaltungen gebeten. Nach dem Verständnis des Heiligen Benedikt versteht sich das Kloster als „Haus Gottes“ (RB 53,21; 64,5), als Kirche im Kleinen, die am Ort die auf der ganzen Welt verbreitete Kirche repräsentiert. Solange vom frühen Morgen bis zum Abend gegen 21 Uhr das große Tor weit offen steht, ist auch der Kirchenraum für Besucherinnen und Besucher geöffnet. Immer wieder kommen Menschen für eine kurze Zeit des Verweilens und Betens. Vor allem in der Corona-Zeit haben wir wahrgenommen, wie wichtig so ein Ort des Rückzugs mit verlässlichen „Öffnungszeiten“ für viele ist.
Mit dem regelmäßigen Stundengebet fügen wir uns ein in das Gebet der Kirche, die auch in Alexanderdorf ihren Auftrag erfüllt, stellvertretend für alle Menschen vor Gott zu stehen. Die katholischen Dorfbewohner und unsere Gäste unterstützen uns bei diesem Dienst.
Wir öffnen unser Gästehaus auch für Gemeinde- und Jugendgruppen, die hier Raum haben, die Kirche der Zukunft in den Blick zu nehmen, Visionen zu

entwickeln, damit der Glaube lebendig bleibt und den Menschen auch in der kommenden Zeit die Einladung Gottes zu bezeugen: Ich bin bei euch.
Vielfältige Beziehungen verbinden uns mit den evangelischen Nachbargemeinden. Der gemeinsame Gottesdienst am Karfreitag und zum Jahresausklang an Silvester sind Höhepunkte im ökumenischen Jahr. In der extremen Vereinzelung der Christen in Brandenburg sind gemeinsame Treffen besonders wertvoll. Im Konvent sind wir immer wieder im Gespräch, wie wir das Miteinander mit den Schwestern und Brüdern gestalten wollen.
Darüber hinaus schätzen wir die Kontakte, die sich zu Mitgliedern der jüdischen Gemeinschaft entwickelt haben. Einmal im Jahr versammelt sich eine Gruppe Interessierter zum christlich-jüdischen Gespräch bei uns. Und die regelmäßige Arbeit mit den hebräischen Psalmen in jüdischer Auslegung ist eine Bereicherung für den Konvent, die zu intensiverem Verstehen im Stundengebet beiträgt.

# BENEDIKTINER UND BENEDIKTINERINNEN

Benediktinische Gemeinschaften gibt es auf der ganzen Welt. Die Männerabteien sind in der Benediktinischen Konföderation vereinigt. Der Abtprimas in Rom vertritt ihre Angelegenheiten beim Heiligen Stuhl und schafft Zusammenhalt durch Besuche der Gemeinschaften und die Organisation des alle vier Jahre stattfindenden Äbtekongresses. Über das Amt der Leitung der dem Studienkolleg Sant' Anselmo in Rom zugeordneten Abtei hinaus hat er vor allem beratende Funktion, da die benediktinischen Mönchs- und Nonnenklöster in alter Tradition ihre Angelegenheiten weitgehend selbstständig regeln.

Die Frauen sind seit den 1980er Jahren analog zur Benediktinischen Konföderation in der Communio Internationalis Benedictinarum – kurz CIB – verbunden. Auch wenn die kirchenrechtlichen Vorgaben aus Rom ein offizielles Zusammengehen der Frauen- und Männergemeinschaften nicht vorsehen, gibt es doch eine vielgestaltige Zusammenarbeit. Sie ist von gegenseitiger Wertschätzung und Respekt geprägt und getragen vom Bewusstsein, im gleichen Geist der Benediktusregel unterwegs zu sein.

Schon im Mittelalter waren Klöster in Verbänden, Kongregationen oder Föderationen organisiert. Man hatte einen gemeinsamen Ursprung durch Neugründungen oder schloss sich zusammen, um voneinander in der Gestaltung der monastischen Lebensweise zu profitieren.
In Deutschland kennt man vor allem die Beuroner Kongregation, in der sowohl Männer- als auch Frauenklöster vertreten sind. Die Benediktinerkongregation von St. Ottilien vereinigt weltweit die Abteien der Missionsbenediktiner. Oft entsprechen die Zusammenschlüsse regionalen oder nationalen Vorgaben.

# DIE EUROPÄISCHE BENEDIKTINERINNEN-KONGREGATION VON DER AUFERSTEHUNG

Viele Frauenklöster waren aus historisch bedingten Besonderheiten nicht an solchen Verbänden beteiligt. Für die meisten waren die Verhältnisse gut geordnet, sodass man keine Notwendigkeit sah, sich um Anschluss zu bemühen. Im Frühjahr 2018 veröffentlichte die vatikanische Kongregation für die Institute des geweihten Lebens die Instruktion „Cor orans". Darin werden Gemeinschaften, die bisher noch nicht zu einem Klosterverband gehören, verpflichtet, sich einem solchen anzuschließen oder einen solchen neu zu gründen.
Im Oktober 2018 trafen sich die Oberinnen von zwölf betroffenen Klöstern in Alexanderdorf. Elf von ihnen entschieden, eine neue Benediktinerinnenkongregation zu gründen. Dabei war die Idee aufgegriffen worden, den Raum über die Ländergrenzen hinaus zu öffnen und sich im europäischen Rahmen zu vernetzen. Bereits bei diesem Treffen war klar: Englisch sollte die gemeinsame Sprache zur Verständigung sein. Und es wurde eine Kommission zur Erarbeitung der gemeinsamen Konstitutionen eingesetzt. Alle Konvente diskutierten

die vorgelegten Entwürfe in mehreren Durchgängen, bis die Endfassung von allen Gemeinschaften per Abstimmung angenommen wurde.
Im Mai 2021 konnte der Entwurf bei der zuständigen römischen Behörde eingereicht werden. Die rechtlichen Fragen waren auf einem guten Weg. Gleichzeitig wurde nach einem gemeinsamen Logo und einem verbindenden Kongregationslied gesucht. Wieder gab es über die Landesgrenzen hinweg intensive Kontakte, alle Klöster waren gefragt. Am Ende entschied man sich in beiden Fällen für den Vorschlag aus Alexanderdorf. Die Kongregation für das geweihte Leben errichtete am 15. August 2021 die Europäische Benediktinerinnenkongregation von der Auferstehung und bestätigte die eingereichten Konstitutionen.
Die zehn Klöster, mit denen wir uns verbunden haben, sind:

Abtei Maria Heimsuchung, Bonn
Abtei Sankt Scholastika, Dinklage
Heliga Hjärtas Kloster, Borghamn-Vadstena, Schweden
Kloster St. Lioba, Egmond, Niederlande
Kloster Notre-Dame, Hurtebise, Belgien
Abtei der Benediktinerinnen vom Frieden Unserer Lieben Frau, Liège, Belgien
Kloster der Benediktinerinnen, Kaunas, Litauen
Kloster St. Benedikt, Montserrat, Spanien
Abtei Unsere Liebe Frau, Oosterhout, Niederlande
Abtei St. Lioba, Simiane-Collongue, Frankreich

Im Frühjahr 2022 versammelten sich die Oberinnen und Delegierten der Mitgliedsklöster im Heliga Hjärtas Kloster in Vadstena (Schweden) zum ersten Generalkapitel. Sie wählten die erste Präsidentin der Kongregation und ihre

Prozession in der Osternacht 2023

Rätinnen. Für die praktische Zusammenarbeit wurden einige Kommissionen eingerichtet. Die Schwestern in den Klöstern zu Hause erhielten jeden Tag Informationen über die Beratungen. Per Video konnten sie Eröffnungs- und Abschlussgottesdienst miterleben.

Die neue Kongregation ist lebendig. Die Oberinnen treffen sich regelmäßig, Besuche gehen hin und her. Interessierte Schwestern tauschen sich aus in Arbeitsgruppen zu verschiedenen Themen, die das klösterliche Leben in der heutigen Zeit betreffen.

# WER WARUM INS KLOSTER GEHT

„Ich, Schwester N. N., gelobe feierlich Beständigkeit, klösterlichen Lebenswandel und Gehorsam nach der Regel unseres hl. Vaters Benediktus ... im Kloster der heiligen Gertrud zu Alexanderdorf, vor Gott und seinen Heiligen, vor der Äbtissin N. N. und den Nonnen dieses Klosters ... und allen, die hier versammelt sind." Mit diesen Worten bindet sich eine neue Schwester für immer an unsere klösterliche Gemeinschaft und übernimmt ihre Lebensordnung. Eigenhändig geschrieben und unterzeichnet, verliest sie die Urkunde, präsentiert sie der versammelten Gemeinde und legt sie anschließend auf den Altar der Kirche. Danach singt sie dreimal das alte benediktinische Professlied: „Nimm mich auf, o Herr, dann werde ich leben. Laß mich in meiner Hoffnung nicht scheitern." Die Schwesterngemeinschaft nimmt diesen Gesang in dreimaliger Wiederholung auf und bezeugt damit ihren Willen, sie für immer anzunehmen und ihr im gemeinsamen klösterlichen Leben Halt und Hilfe zu geben.

Dieser feierlichen Erklärung geht ein langer Weg über sechs Jahre voran. Er richtet sich aus an den Vorgaben der Benediktusregel, nach der jeder, der ins Kloster eintreten will, sorgfältig geprüft wird, „ob er wirklich Gott sucht" (RB 58,7). Nach der ersten Probezeit, also nach einem Jahr des Kennenlernens, beginnt mit der Einkleidung die Zeit des Noviziats. Das neue Kleid und meistens

auch der neue Klostername zeigen an, dass ein neues Leben beginnt. Bevor die Novizin nach zwei Jahren das erste Gelübde, die Profeß für drei Jahre, ablegt, stimmt die Gemeinschaft darüber ab, ob sie diesen Weg in der Klostergemeinschaft weitergehen kann und soll. Am Ende dieser letzten Probezeit wird in einer neuerlichen Abstimmung gefragt, ob erkennbar ist, dass die junge Schwester im Kloster ihren Lebensort gefunden hat. Ist das erfolgreich, kann das Versprechen auf Lebenszeit abgelegt werden.

Das Ende der Probezeit mit der endgültigen Lebenswidmung eröffnet einen weiten Weg, der bis zum Lebensende dauern wird.

Viele, die mit Klosterleuten in Berührung kommen, fragen sich: Was bringt einen Menschen dazu, sich für diese exotische Lebensweise zu entscheiden? Genau das ist ein Thema, dem sich jede und jeder stellen muss, wenn das klösterliche Leben als möglicher Weg in den Blick kommt. Fragen bleiben den Mönchen und Nonnen ein Leben lang: Wozu bin ich hier? Stimmen die Beweggründe noch, die mich hergebracht haben? Was zieht mich, was hält mich? Was will ich hier?

Werden sie nach der Motivation gefragt, die sie ins Kloster gebracht hat, geben die Schwestern jede für sich, ganz unterschiedliche Antworten. Allen gemeinsam ist die Erfahrung einer Sehnsucht nach Gott, nach Gebet, nach Gottesdienst und die Ahnung, dass dieses bestimmte Kloster der richtige Ort sein kann, wo es gute Chancen gibt, hier auf dem richtigen Weg zu sein. „Wer ist der Mensch, der das Leben liebt und gute Tage zu sehen wünscht?“, fragt Benedikt am Beginn seiner Klosterregel (RB Prol 15). Er verspricht den Mönchen, dass sie auf dem Weg des gemeinsamen Lebens Glück, Frieden und letztlich die Erfüllung in Christus finden werden. Viele kleine, auch beschwerliche Schritte führen dorthin. Auch im Kloster ist der Alltag zu bestehen. Die guten Tage, be-

sonders angezeigt durch die Feste, mit denen im Kirchenjahr Gottes Mitsein mit den Menschen gefeiert wird, geben einen kleinen Ausblick auf das Gute schon in diesem Leben und die Vollendung, auf die wir zugehen.

# DIE AUFGABE DER KLÖSTER IN UNSERER ZEIT

Vieles wird in unseren Tagen unsicher, selbstverständliche Gewissheiten kommen ins Wanken. Die wachsenden Herausforderungen werden als bedrohlich erlebt.

Klöster sind von den aktuellen Entwicklungen nicht ausgenommen. In der westlichen Welt zieht das monastische Leben immer weniger junge Leute an. Die Konvente werden kleiner und älter.

Gleichzeitig üben sie eine ungebrochene Faszination für viele aus. Das zeigen nicht nur die Anfragen von Mitarbeitenden in den Medien, die etwas vom Kloster Alexanderdorf zeigen wollen.

Nach wie vor sind wir, wie alle monastischen Gemeinschaften, Anlaufstelle für Menschen, die für sich alternatives Leben entdecken wollen, die Gespräch und Rat suchen, die kommen, um Stille und Ruhe zu finden.

Benediktinisches Mönchtum bleibt authentisch, auch wenn immer mehr Aktivitäten eingeschränkt werden müssen. Das Festhalten an der Gottsuche jedes Mönchs, jeder Nonne, getragen vom Gebet und der Ausrichtung an der Bibel, macht klösterliches Leben sinnvoll.

DEM HIMMEL EIN ORT sein und den Himmel offen halten für alle Menschen, das ist und bleibt die Aufgabe der klösterlichen Gemeinschaften. Deshalb sind sie wachsam und achten darauf, was die Menschen bewegt, wie sie ihnen hilfreich sein können.
Benediktinische Abteien sind auf Dauer angelegt. Aber nicht alle werden bleiben. Die Zukunft steht in Frage.
Wir glauben, dass Gottes Treue bleibt.

## IMPRESSUM

Bibliografische Information der Deutschen Nationalbibliothek
Die Deutsche Nationalbibliothek verzeichnet diese Publikation in der Deutschen Nationalbibliografie; detaillierte bibliografische Daten sind im Internet über http://dnb.d-nb.de abrufbar.


Asternplatz 3, 12203 Berlin
post@bebraverlag.de
Lektorat: Marijke Leege-Topp
Umschlag und Satz: Goscha Nowak, Berlin
Schrift: Brother 1816, Solitas Serif
Druck und Bindung: Finidr, Český Těšín, Tschechien
ISBN 978-3-89809-231-9

www.bebraverlag.de